AF652187

संजीव कपूर की

पारंपरिक भारतीय पाक–विधि

पंजाबी

लेखक के बारे में

भारतीय पाक-कला को विश्व में सर्वोच्च स्थान दिलाने की संजीव कपूर सर्वज्ञात इच्छा है। भारतीय पाक-कला के सबसे जोशीले प्रतिनिधि के स में उन्होंने कई प्रान्तों की पाक-कला का गहन अध्ययन किया है। पारंपरि भारतीय पाक विधि की यह नवीनतम श्रेणी भी इसी अध्ययन का परिण है, जो हर प्रान्त के खान-पान की विशिष्टता को अधोरेखित करता है।

मास्टर शेफ संजीव कपूर के पुरस्कार प्राप्त कुकरी शो "खाना-खजाना" बिक्री का उच्चांक स्थापित करती उनकी पाक-कला की पुस्तकें, देश त विदेश में स्थित खान-पान गृहों की श्रृंखला और उनके बेहद लोकप्रि पारंपरिक भारतीय मसाले, अचार तथा 'रेडी टु कुक' व्यंजन, आदि सभी उनकी भारतीय भोजन के प्रति आस्था प्रतिबिम्बित होती है। उनकी वे साइट भारतीय पाक-कला की एक सर्व समावेशक मार्गदर्शिका है।

शेफ संजीव कपूर के साथ हमारे विशाल और बहुविध संस्कृति वाले दे की यात्र पर चलें और प्रांतीय व स्थानीय स्वादिष्ट व्यंजनों का आनंद लें भारत का असली स्वाद है।

inquiry@sanjeevkapoor.com पर शेफ संजीव कपूर से संपर्क करें।

संजीव कपूर की

पारंपरिक भारतीय पाक-विधि

पंजाबी

अल्योना कपूर के सहयोग से

Popular Prakashan

www.popularprakashan.com

पॉप्युलर प्रकाशन प्रा. लि.
३०१, महालक्ष्मी चेम्बर्स
२२, भुलाभाई देसाई मार्ग
मुंबई ४०० ०२६

प्रथम प्रकाशन २००८

4063
ISBN : 978-81-7991-315-4

रूपरेखा : श्रुति आर्टस्
लोअर परेल,
मुंबई ४०० ०१३

भारत में मुद्रित
बत्रा आर्ट प्रेस
नई दिल्ली

प्रकाशक
रामदास भटकल
पॉप्युलर प्रकाशन प्रा. लि. के लिये
३०१, महालक्ष्मी चेम्बर्स
२२, भुलाभाई देसाई मार्ग
मुंबई ४०० ०२६

समर्पण

यह पुस्तक भारत की गृहणियों को समर्पित है,
जिन्होंने हमेशा से हमारी पाकसंबंधी विरासत
को सुरक्षित रखा
तथा उसे भावी पीढ़ियों को हस्तांतरित किया ।

लेखक की कलम से

पंजाब का नाम लेते ही, आँखों के सामने दूर-दूर तक फैले, गेहूँ की सुनहरी बालियों से लहलहाते खेत झूम उठते हैं । हरी-हरी घास के मैदानों में चरते, स्वस्थ और दुधारू मवेशी, लाल ट्रॅक्टर्स पर सवार हट्टे-कट्टे किसान, लोकगीतों की धुनों पर नाचते रंग-रंगीले नर्तकों के समूह, सड़क के किनारे बने ढाबे और उनके सामने बिछी खाटें तथा मसालों का धुँआ उगलता लाल-गर्म चूल्हा.. ये है पंजाब !

''पंजाबी'' से जुड़ी हर चीज का वर्णन करने के लिये बस दो ही शब्द काफी है - 'तगड़े तथा दिलदार' । फिर चाहे हम यहाँ की संस्कृति का बखान करें या यहाँ के लोगों के डील-डौल, स्वभाव तथा बड़े दिल का। पंजाबियों की जीवन लालसा उनके समृद्ध संगीत नृत्य की परंपरा तथा परोसने के दिलेर अंदाज में खूब झलकती है । मलाई डाली हुई मलाईदार लस्सी देखकर भला कौन अभिभूत नही होगा ।

आज के जमाने में डाएटिंग का चलन है । कम वसा / चिकनाई का खाना, बिना वसा का खाना, आदि के जमाने में यदि हम पंजाबी खाने को कुपथ्यकर समझे तो वह गलत नहीं होगा परन्तु किसी पंजाबी गृहिणी से यदि हम पूछें तो अवश्य ही यह रहस्य उजागर हो जाएगा कि

बचपन से ही दूध और शहद से भरीपूरी उर्वर भूमि के ताजे अन्न का पोषण ही पंजाबी लड़कों को मजबूत डील-डौल औ गुलाबी गालों की सज्जा प्रदान करता है। भले ही घर की सादी दाल-रोटी-सब्जी हो, (पंजाब में रोज चावल नहीं खाया जात हर व्यंजन घर के बने घी तथा मक्खन से पोषक बन जाता है।

पंजाबियों की जीवन के प्रति चाह जितनी बड़ी है, उतना ही महान है उनका अतिथ्यसत्कार। त्योहारों या समारोहों पर पंजा की खाने की मेजें, शुद्ध-देसी घी से चमकते पराठे, हरी-हरी मखमली प्यूरी में सना, मुँह में घुल जानेवाला, मलाईदार, रसे डूबा पनीर, पकी मिट्टी की खुशबू से सुगंधित, तीखा, मसालेदार किन्तु नरम, गुदगुदा चिकन, धीमी आँच पर पकी, न पौष्टिक फलियाँ तथा पिसे सुनहरे गेहूँ की मिठाई से लदी होती है।

तो चलिये मेरे साथ, और इस पाकशालीय सफर में सैर कीजिये पंजाब के पारंपरिक रसोईघरों की तथा भारत की इस सब उर्वर भूमि की सुगंध का आनंद लीजिये। साथ ही समा बांधने के लिये भांगडा के शोर-शराबे वाला गीत लगाना मत भूलिये

ओय ! बल्ले बल्ले !

आभार

अच्युत पालव
अनिल भंडारी
अनुपा दास
आनंद भंडीवाड़
ऋतिका समतानी
कृति कोटक
गजेन्द्र मुले
गणेश पेडणेकर
जयदीप चौबल
ज्योत्स्ना और मयूर द्विवेदी
तृप्ता भगतजी
नम्रता एवं संजीव बहल
नीना मुर्डेश्वर
नीलिमा आचार्य
पूजा व राजीव कपूर
प्राची हातवलणे
भारतेन्दु शर्मा
महेन्द्र घाणेकर
डॉ. मीना और राम प्रभू
राजीव मट्टा
रीटा डी'सूज़ा
श्रीमती लता लोहाना और
कॅप्ट. के. के. लोहाना
लोहाना खानदान
विनायक गवांडे
शिवानी गणेश
शिशिर चाचड
सौरभ मिश्रा
स्मिता भटकल
स्वप्ना शिंदे
हरपाल सिंह सोखी

अनुक्रमणिका

बेवरेजेस, स्नेक्स एन्ड स्टार्टर्स

मेन कोर्स - शाकाहारी

मेन कोर्स - मांसाहारी

अकंपनिमेन्ट्स

स्वीट्स

कसूरी पनीर टिक्का

सामग्री

२५० ग्राम पनीर

१ मध्यम आकार की हरी शिमला मिर्च

१ मध्यम आकार का प्याज़

१ मध्यम आकार का टमाटर, बीज निकाला हुआ

१ कप दही

२ बड़े चम्मच हरी चटनी

१ छोटा चम्मच हरी मिर्च की पेस्ट

१ छोटा चम्मच अदरक पेस्ट

१ छोटा चम्मच लहसुन पेस्ट

१/४ छोटा चम्मच हल्दी

१/२ छोटा चम्मच अजवाइन

१ छोटा चम्मच गरम मसाला पाउडर

१ छोटा चम्मच चाट मसाला

२ बड़े चम्मच सूखी कसूरी मेथी, भूनी हुई और कूटी हुई

२ बड़े चम्मच भूने हुए चने की पाउडर

१/४ कप ताजी मलाई

नमक स्वादानुसार

२ बड़े चम्मच सरसों का तेल

२ बड़े चम्मच तेल

२ बड़े चम्मच नींबू का रस

विधि

१) पनीर, शिमला मिर्च, प्याज़ और टमाटर डेढ़ इंच के टुकड़ों में काट लें।

२) दही, हरी चटनी, हरी मिर्च की पेस्ट, अदरक और लहसुन पेस्ट, हल्दी, अजवाइन, गरम मसाला पाउडर, आधा चम्मच चाट मसाला, कसूरी मेथी, भूने हुए चने की पाउडर, ताजी मलाई और नमक एक कटोरे में मिला लें। पनीर के टुकड़े उसमें डालकर पंद्रह मिनट तक मेरिनेट होने दें।

३) सरसों के तेल को धुँआ उठने तक गर्म करें, फिर उसे ठंडा करें। पूरी तरह से ठंडा होने पर तेल को पनीर के टुकड़ों पर डाल कर हिला लीजिये।

४) लकड़ी की सीखों को पानी में पंद्रह मिनट तक डुबाकर रखें।

५) शिमला मिर्च, पनीर, टमाटर और प्याज़ के टुकड़ों को एक के बाद एक सीख में पिरोयें।

६) तेल लगे तवे या ग्रील पर इसे पकायें। थोडी-थोडी देर में सीख को घुमाते रहिये ताकी टिक्का, चारों तरफ से पक जाये।

७) टिक्कों को प्लेट में सजाकर बचा हुआ चाट मसाला और नींबू का रस डालकर गरमा-गरम परोसें।

अमृतसरी मच्छी

सामग्री

६०० ग्राम पतली काटी हुई बिना कांटे की मछली, हो सके तो समुद्री मछली (सुरमई)

१/२ कप माल्ट विनेगर

१ कप बेसन

१/२ कप दही

१ अंडा

१ छोटा चम्मच अजवाइन

नमक स्वादानुसार

१ बड़ा चम्मच नींबू का रस

१ बड़ा चम्मच लाल मिर्च पाउडर

२ बड़े चम्मच अदरक पेस्ट

२ बड़े चम्मच लहसुन पेस्ट

तलने के लिये तेल (डीप फ्रायिंग)

१ छोटा चम्मच चाट मसाला

२ नींबू, त्रिकोणी कटे हुए

विधि

१) मछली के टुकड़ों को डेढ़ इंच के टुकड़ों में काट लीजिये। बीस मिनट तक माल्ट विनेगर में डुबोकर रखें। निकालकर सूखा लें।

२) बेसन, दही, अंडा, अजवाइन, नमक, नींबू का रस, लाल मिर्च पाउडर, अदरक और लहसुन का पेस्ट मिलाकर फेंट लीजिये।

३) अब इस घोल में मछली को बीस मिनट तक के लिये मेरिनेट करें।

४) कढ़ाई में तेल गरम कर मछली को सुनहरा भूरा होने तक तलें। कागज पर रखकर तेल सोख लें।

५) उस पर चाट मसाला छिड़ककर नींबू के टुकड़ों के साथ गरमा-गरम परोसें।

शेफ का सुझाव

आप माल्ट विनेगर के स्थान पर साधे व्हाइट विनेगर का भी इस्तेमाल कर सकते हैं।

चिकन टिक्का

सामग्री

८०० ग्राम बोनलेस चिकन,
डेढ़ इंच के टुकडे में कटा हुआ
१ छोटा चम्मच काश्मिरी लाल मिर्च पाउडर
१ बड़ा चम्मच नींबू रस
नमक स्वादानुसार

मेरीनेड

१ कप दही
१ छोटा चम्मच काश्मिरी लाल मिर्च पाउडर
नमक स्वादानुसार
२ बड़े चम्मच अदरक पेस्ट
२ बड़े चम्मच लहसुन पेस्ट
२ बड़े चम्मच नींबू का रस
१/२ छोटा चम्मच गरम मसाला पाउडर
२ बड़े चम्मच सरसों का तेल
२ बड़े चम्मच मक्खन
१/२ छोटा चम्मच चाट मसाला
२ मध्यम आकार के प्याज़, गोल छल्ले काटे हुए
१ मध्यम आकार का नींबू, आठ टुकड़े किये हुए

विधि

१) चिकन के टुकड़ों को एक कटोरे में लें। लाल मिर्च पाउडर में नींबू का रस और नमक मिलाकर पेस्ट तैयार करें। उसे चिकन पर लगाकर आधे घंटे तक मेरीनेट होने के लिए रखें।

२) दही को मलमल के कपड़े में बांधकर पंद्रह-बीस मिनट तक लटकाकर रखें। मिर्च पाउडर, नमक, अदरक-लहसुन पेस्ट, नींबू का रस, गरम मसाला और सरसों का तेल छाने हुए दही में मिला लें।

३) इस दही के मिश्रण को चिकन के टुकड़ों पर अच्छी तरह से लगाकर तीन से चार घंटे फ्रिज में रखें।

४) चिकन के टुकड़ों को सीख में पिरोकर सामान्य आंच में तंदूर में पकायें या अवन को २००° से. पर गरम कर उसमें दस मिनट तक पकायें। उस पर मक्खन लगाकर फिर से दो मिनट तक पकायें।

५) चाट मसाला छिड़ककर गोल कटे प्याज़ और नींबू के साथ गरमा गरम परोसें।

काली गाजर की कांजी

सामग्री

- ४ बड़े काले गाजर
- ४ बड़े चम्मच सरसों, दरदरा पिसा हुआ
- ३ बड़े चम्मच नमक
- १ १/२ बड़े चम्मच लाल मिर्च, दरदरी पिसी हुई

विधि

१) गाजर को बहते पानी के नीचे रगड़ कर साफ करें। छीलकर लम्बे-लम्बे उंगली जितने टुकड़े कर लें।

२) चार लीटर क्षमता वाला बड़ा जार या मटका लें । उसमें अठारह कप पानी डालिये। गाजर, सरसों, लाल मिर्च और नमक मिलाकर अच्छी तरह हिलायें।

३) जार या मटके के मुँह को मलमल या पतले कपड़े से कस कर बाँध लें।

४) इसे तीन दिन तक धूप में रखें। सूर्यास्त के बाद इसे भीतर ले आयें ।

५) चौथे दिन के अंत में कंजी को एक बर्तन में डालकर फ्रिज में रखकर ठंडा कर लें।

६) एक लम्बे गिलास में डालकर गाजर के टुकड़ों के साथ ठंडा परोसें।

पंजाबी समोसा

सामग्री

समोसे के आटे के लिये

१ कप मैदा

१/२ छोटा चम्मच अजवाइन (ऐच्छिक)

३ बडे चम्मच घी या तेल

नमक स्वादानुसार

भरावन के लिये

४-५ मध्यम आकार के आलू, छीलकर १/२ इंच के टुकडों में काटे हुए

१/२ कप उबले हुए मटर के दाने

२ बड़े चम्मच तेल + तलने के लिये

१ छोटा चम्मच जीरा

१ इंच अदरक, बारीक कटा हुआ

३-४ हरी मिर्च, बारीक कटी हुई

१ छोटा चम्मच लाल मिर्च पाउडर

१ छोटा चम्मच आमचूर पाउडर

१ छोटा चम्मच गरम मसाला पाउडर

नमक स्वादानुसार

२ बड़े चम्मच ताजी धनिया पत्ती, कटी हुई

विधि

१) समोसे के आटे के लिये लगने वाली सामग्री को अच्छी तरह से मिला लें । थोडा-थोडा पानी डालकर कड़क गूंधिये। गीले कपड़े से ढांक कर दस-पंद्रह मिनट तक रखिये।

२) भरावन के लिये पेन में दो बड़े चम्मच तेल गरम करें। उसमें जीरा डालकर रंग बदलने तक भूनें। बाद में उसमें अदरक, हरी मिर्च और आलू डालें और हिलायें। लाल मिर्च पाउडर, आमचूर, गरम मसाला और स्वादानुसार नमक डालकर मिला लें।

३) थोड़ा सा पानी छिड़ककर आलू नरम होने तक ढांक कर पकायें।

४) मटर के दाने मिलाकर पाँच मिनट तक धीमी आँच पर पकायें। धनिया डालकर मिलायें और पेन को आँच पर से उतारकर ठंडा होने के लिये रख दें।

५) भरावन को सोलह समान भागों में बाँट लें।

६) गूंधे हुए आटे को आठ समान भागों में बाँटकर गोले बना लीजिये। सतह पर या पाट पर थोडा सा आटा छिड़ककर चार इंच चौडा आयत बेल लें।

७) बीच से आडा काट कर दो भाग कर किनारों को पानी से गीला कर लीजिये। कोन का आकार देकर उसमें आलू और मटर का भरावन भर दीजिये। किनारों को दबाकर बंद कर दीजिये।

८) कढ़ाई में तेल गरम कर मध्यम आँच पर समोसों को सुनहरा भूरा और कुरकुरा होने तक तलें। निकालकर तेल सोखनेवाले कागज पर रखें। इमली की चटनी के साथ गरमा-गरम परोसें।

पालक पकोड़े की चाट

सामग्री

१६-२० ताजा पालक के पत्ते
१ १/२ कप दरदरा पिसा हुआ बेसन
नमक स्वादानुसार
१/२ छोटा चम्मच लाल मिर्च पाउडर
१/४ छोटा चम्मच हल्दी
१/२ छोटा चम्मच अजवाइन
चुटकी भर हींग
तलने के लिये तेल

१ कप दही
२ छोटे चम्मच भूने हुए जीरे का पाउडर
४ बड़े चम्मच धनिया चटनी
४ बड़े चम्मच इमली की मीठी चटनी
३ मध्यम आकार के प्याज़, कटे हुए
१/२ कप सेंव
१/२ कप ताजा धनिया पत्ती, काटी हुई

विधि

१) एक कटोरे में बेसन, नमक, लाल मिर्च पाउडर, हल्दी, अजवाइन, हींग मिलाकर पर्याप्त पानी डालकर पतला घोल बनाईये।

२) कढ़ाई में तेल गरम करें। पालक के पत्तों को घोल में डुबोकर तेल में सुनहरा भूरा और कुरकुरा होने तक तलें। तेल सोखने के लिये कागज पर रखें।

३) दही में नमक डालकर उसे अच्छी तरह से फेंट लीजिये।

४) प्लेट में दो पालक पकोड़े लीजिये। उस पर दो से तीन बड़े चम्मच दही डालिए और जीरा पाउडर छिड़किये। उस पर धनिया पत्ती की चटनी और इमली की मीठी चटनी डालें ।

५) प्याज़ के बारीक टुकड़े डालें उपर से सेंव डालें। धनिया पत्ती से सजाकर उसे तुरंत गरमा गरम परोसें।

अमृतसरी पनीर पकोड़ा

सामग्री

४०० ग्राम पनीर, १ इंच के लम्बे टुकड़ों में कटा हुआ पनीर
१/२ कप हरी चटनी
२ १/२ कप बेसन
२ छोटे चम्मच अजवाइन
१ छोटा चम्मच अदरक और लहसुन पेस्ट
१ १/२ छोटे चम्मच लाल मिर्च पाउडर
नमक स्वादानुसार
१ बडा चम्मच नींबू का रस
तलने के लिये तेल

विधि

१) पनीर के प्रत्येक टुकड़े को पूरा काटे बिना बीच से चिरा देकर फैला लीजिये और उसमें हरी चटनी भर लीजिये।

२) बेसन में एक कप पानी डालकर अच्छी तरह से मिला लें। इसमें लाल मिर्च पाउडर, अजवाइन, अदरक-लहसुन पेस्ट, नमक और नींबू का रस मिलाकर चिकना घोल बना लें।

३) कढ़ाई में तेल गरम करें। चटनी भरे पनीर को घोल में डुबोकर तेल में डालें। सुनहरा होने तक तलें।

४) कागज पर रख कर तेल सोख लीजिये। टमाटर केचअप या अपनी पसंदीदा चटनी के साथ परोसें।

पेढ़े वाली मीठी लस्सी

सामग्री

३ कप दही

१ कप शक्कर

१ कप बर्फ के टुकड़े

ताजी मलाई

४ मलाई पेढ़े, चुरा किए हुए

विधि

१) दही और शक्कर को ब्लेंडर में डालकर दो मिनट तक फेंट लें।

२) बर्फ के टुकड़े डालकर एक मिनट और फेंटे।

३) लस्सी गिलास में डालिये।

४) उपर मलाई डालिये और मलाई पेढ़े के चूरे से सजाकर ठंडी-ठंडी परोसें।

आलू मटर

सामग्री

४ मध्यम आकार के आलू, छीलकर १ १/२ इंच के टुकड़ों में कटे हुए
१ १/४ कप मटर, छीले हुए
२ बड़े चम्मच तेल
१ तेज पत्ता
१ छोटा चम्मच जीरा
२ मध्यम आकार के प्याज़, बारीक कटे हुए
१ बड़ा चम्मच अदरक-लहसुन पेस्ट
१ छोटा चम्मच लाल मिर्च पाउडर
१/४ छोटा चम्मच हल्दी
१ १/२ छोटे चम्मच धनिया पाउडर
१ कप ताजी टोमेटो प्यूरी
१ छोटा चम्मच गरम मसाला पाउडर
नमक स्वादानुसार
२ बड़े चम्मच धनिया पत्ती, कटी हुई

विधि

१) पेन में तेल गरम कर उसमें तेज पत्ता और जीरा डालिये। जब जीरे का रंग बदलने लगे तब प्याज़ डालकर सुनहरा होने तक भूनिये। अदरक और लहसुन पेस्ट डालकर आधे मिनट तक भूनिये।

२) लाल मिर्च पाउडर, हल्दी, धनिया पाउडर डालकर आधे मिनट तक हिलाइये। आलू डालकर चलाइये। आलू आधे पकने तक ढांककर रखिये।

३) टमाटर प्यूरी डालकर हिलाइये। आलू नरम होने तक ढांककर पकाइये।

४) एक कप पानी, मटर, गरम मसाला पाउडर और नमक डालकर हिलाइये और दस मिनट तक ढांककर पकाइये।

५) धनिया पत्ती से सजाकर गरमा गरम परोसें।

बैंगन भरता

सामग्री

१ किलो बड़े बैंगन
३ बड़े चम्मच तेल
१ छोटा चम्मच जीरा
३ मध्यम आकार के प्याज़, बारीक कटे हुए
१ १/२ इंच अदरक, बारीक कटा हुआ
२ हरी मिर्च, बारीक कटी हुई
२ छोटे चम्मच लाल मिर्च पाउडर
नमक स्वादानुसार
४ बड़े टमाटर, बारीक कटे हुए
२ बड़े चम्मच ताजी धनिया पत्ती, कटी हुई

विधि

१) बैंगन धोकर पोंछ लीजिये। काँटे से बैंगन पकड़कर तेज आँच पर, तंदूर में या अवन में भूनिये। बैंगन का छिलका अलग होने लगे और बैंगन सिकुडने लगे तब उसे ठंडा होने के लिए रख दें। (जल्दी हो तो बैंगन को पानी में डुबोकर ठंडा कर लें)। छीलकर उसे मसलें व चिकना कर लें।

२) कढ़ाई में तेल गरम कर जीरा डालें व रंग बदलने तक भूनें। प्याज़ डालकर उसे अर्ध पारदर्शी होने तक भूनें। अदरक व हरी मिर्च डालें और एक मिनट तक भूनें।

३) लाल मिर्च पाउडर डालकर मसले हुए बैंगन डालिये। सात से आठ मिनट तक मध्यम आँच पर पकाईये, लगातार हिलाते रहें। स्वादानुसार नमक डालिये।

४) टमाटर डालकर हिलाइये। सात-आठ मिनट तक या तेल छोडने तक मध्यम आँच पर पकाइये।

५) धनिया पत्ती से सजाकर गरमा गरम परोसें।

शेफ का सुझाव

भरते का स्वाद बढ़ाने के लिये उसमें लहसुन डाल सकते हैं।

क्रीम पनीर

सामग्री

४०० ग्राम पनीर
३ मध्यम आकार के प्याज़, मोटे काटे हुए
१/४ कप मलाई
१० काजू
१ १/२ बड़े चम्मच मगज
२ बड़े चम्मच तेल
३ हरी इलायची
१ बड़ा चम्मच अदरक-लहसुन पेस्ट
१/२ छोटा चम्मच हरी मिर्च पेस्ट
२ बड़े चम्मच मावा, चूरा किया हुआ
४ बड़े चम्मच दही, फेटा हुआ
नमक स्वादानुसार
१/४ छोटा चम्मच सफेद मिर्च पाउडर
१ चुटकी हरी इलायची पाउडर

विधि

१) पनीर को दो इंच लम्बे, एक चौथाई इंच मोटे और एक इंच चौड़े ऊंगली के आकार में काट लें।
२) प्याज़ को तीन चौथाई कप पानी में मध्यम आँच पर पूरा पानी सूख जाने तक उबालिये। ठंडा कीजिए व पीसकर महीन पेस्ट बना लीजिये।

३) एक कप गर्म पानी में काजू और मगज को आधे घंटे तक भिगोकर रखें। पानी निकाल दें और पीसकर महीन पेस्ट बना लें।

४) कढ़ाई में तेल गर्म करें। इलायची डालकर एक मिनट तक भूनें। अदरक-लहसुन पेस्ट और हरी मिर्च पेस्ट मिलाकर और आधे मिनट तक भूनिये। उबले प्याज़ की पेस्ट डालें व भूनें । ध्यान रखें की प्याज़ की पेस्ट भूरी न हो जाए।

५) काजू और मगज पेस्ट डालकर उसे दो मिनट तक भूनिये। आधा कप पानी मिलाइये।

६) उसमें खोया डालकर कुछ सेकन्ड तक भूनिये। दही डालकर मिश्रण अच्छी तरह से मिलाइये। मलाई, नमक और सफेद मिर्च पाउडर डालकर दो-तीन मिनट तक उबालिये।

७) तैयार रसे (ग्रेवी) में हल्के हाथों से पनीर मिलाइए।

८) हरी इलायची पाउडर डालें व गरमा गरम परोसें।

कढ़ाई छोले

सामग्री

२ कप काबुली चने
नमक स्वादानुसार
१ बड़ा चम्मच चाय पत्ती
१-२ सूखे आँवले
५ बड़े चम्मच तेल
१ बड़ा चम्मच जीरा
१ बड़ा प्याज़, बारीक कटा हुआ
२ बड़े चम्मच अदरक पेस्ट
१ बड़ा चम्मच लहसुन पेस्ट
१ बड़ा चम्मच धनिया पाउडर
१ १/२ छोटे चम्मच लाल मिर्च पाउडर
१/२ छोटा चम्मच हल्दी पाउडर
२ छोटे चम्मच जीरा पाउडर
२ छोटे चम्मच गरम मसाला पाउडर
२-३ हरी मिर्च, बीच में से चिरी हुई
२ मध्यम आकार के टमाटर, चार टुकड़े किए हुए

मसाला पाउडर

१ बड़ा चम्मच अनारदाना
१/२ छोटा चम्मच जीरा
१ छोटा चम्मच धनिया
४-५ काली मिर्च
१/२ छोटा चम्मच कचरी पाउडर
२ सूखी लाल लाल मिर्च

विधि

१) काबुली चनों को धोकर तीन कप पानी में पूरी रात भिगोकर रखें या कम से कम छः घंटों तक भिगोयें। चनों को निकालकर प्रेशर कुकर में डालें। तीन कप पानी और नमक मिलायें। चाय पत्ती और आँवले को एक मलमल के टुकड़े में बांधकर पोटली बनाइये और प्रेशर कुकर में डाल दीजिये। चने नरम होने तक (या चार सीटी) पकाइये । बाद में पोटली निकाल दीजिये।

२) सारी मसाला सामग्री को एक साथ पीस लीजिये।

३) लोहे की कढ़ाई में तीन बड़े चम्मच तेल गर्म करें। जीरा डालें। जीरा रंग बदलने लगे तो प्याज़ डालिये और गुलाबी होने तक भूनिये।

४) अदरक और लहसुन पेस्ट, धनिया पाउडर, लाल मिर्च, हल्दी, आधा जीरा पाउडर और पीसा हुआ मसाला उसमें मिलायें।

५) उबले हुए चने उसी पानी सहित इसमें मिलायें। गरम मसाला और स्वादानुसार नमक मिलाकर पाँच-छः मिनट तक उबालिये।

६) एक दूसरे पेन में दो बड़े चम्मच तेल गर्म करें, उसमें चिरी हुई मिर्चियाँ, बचा हुआ जीरा पाउडर और टमाटर डालिये। एक मिनट तक पकाइये और इस मिश्रण को कढ़ाई में डाल दीजिये। गाढ़ा होने तक धीमी आँच पर पकायें। बीच-बीच में हिलाते रहें।

७) गरमा-गरम परोसें।

लौकी कोफ्ता

सामग्री

१ किलो लौकी
नमक स्वादानुसार
१/४ कप बेसन
१ बड़ा चम्मच लाल मिर्च पाउडर
१२ टुकडे इमली, बीज सहित
तलने के लिये तेल

ग्रेवी (रसा)

२ एक इंच अदरक के टुकड़े
६-८ लहसुन की कलियां
६-८ सूखी लाल मिर्च
४ बड़े चम्मच तेल
२ मध्यम आकार के प्याज, काटे हुए
१/२ छोटा चम्मच हल्दी पाउडर
२ बड़े चम्मच धनिया पाउडर
१ छोटा चम्मच जीरा पाउडर
२ मध्यम आकार के टमाटर, प्यूरी किए हुए
नमक स्वादानुसार
१/२ छोटा चम्मच गरम मसाला पाउडर
२ बड़े चम्मच ताजी धनिया पत्ती, काटी हुई

विधि

१) लौकी को छीलकर किस लीजिये। उसमें आधा चम्मच नमक मिलाकर पंद्रह मिनट तक रहने दीजिये। निचोड़कर अतिरिक्त पानी निकाल दीजिए अब इसमें बेसन और लाल मिर्च पाउडर अच्छी तरह से मिला लीजिये। मिश्रण को बारह समान भागों में बांट लीजिये।

२) प्रत्येक भाग में एक इमली का टुकड़ा दबा दीजिये। हथेली को गीलाकर इन भागों के गोल कोफ्ते बना लीजिये।

३) कढ़ाई में तेल गर्म करें। कोफ्तों को दो तीन मिनट तक या सुनहरा भूरा होने तक तलें एक बार में तीन से चार कोफ्ते ही तलें । तेल सोखने के लिए कागज पर निकाल कर रखें।

४) ग्रेवी के लिये अदरक, लहसुन और लाल मिर्च की पेस्ट तैयार कर लीजिये।

५) एक पेन में तेल गरम कर प्याज़ डालिये। हल्का सुनहरा भूरा होने तक भूनिये। तैयार किया हुआ पेस्ट डालकर एक मिनट तक चलाते रहिये।

६) हल्दी, धनिया पाउडर और जीरा पाउडर मिलाइये। उसे चलाते रहिये और एक मिनट तक मध्यम आँच पर पकाइये।

७) टमाटर प्यूरी डालकर तेज आँच पर पकाइये। तेल अलग होने तक चलाते रहिये। दो कप पानी डालकर एक उबाल आने दें। नमक डालकर पाँच मिनट तक धीमी आँच पर उबालिये।

८) तले हुए कोफ्ते उसमें हल्के हाथों से डालकर तीन से चार मिनट तक उबालिये।

९) गरम मसाला छिड़ककर, धनिया पत्ती से सजाकर गरमा-गरम परोसें।

मटर पनीर

सामग्री

१ कप छीले हुए मटर के दाने
२०० ग्राम पनीर, १/२ इंच के टुकड़ों में कटे हुए
२ बड़े चम्मच तेल
३/४ छोटा चम्मच जीरा
२ बड़े आकार के प्याज़, कटे हुए
१ बड़ा चम्मच अदरक-लहसुन पेस्ट
२ हरी मिर्च, काटी हुई
१/४ छोटा चम्मच हल्दी
१ छोटा चम्मच लाल मिर्च पाउडर
१ छोटा चम्मच धनिया पाउडर
२ बड़े आकार के टमाटर, प्यूरी किए हुए
नमक स्वादानुसार
१/४ छोटा चम्मच गरम मसाला पाउडर
१ बड़ा चम्मच ताजा धनिया पत्ती, काटी हुई

विधि

१) एक पेन में तेल गरम करें और उसमें जीरा डालें। जीरा रंग बदलने लगे तब उसमें प्याज़ और अदरक-लहसुन पेस्ट डालिये, हल्का भूरा होने तक भूनिये। उसमें हरी मिर्च, हल्दी, लाल मिर्च पाउडर और धनिया पाउडर डालकर एक मिनट तक भूनिये।

२) टमाटर प्यूरी, नमक और एक कप पानी डालकर दो मिनट तक पकाइये। मटर डालकर अच्छी तरह से मिलाइये। दो मिनट तक या मटर नरम होने तक पकाइये।

३) बाद में पनीर और गरम मसाला पाउडर डालकर सावधानी पूर्वक हिलाइये।

४) धनिया पत्ती से सजाकर गरमा-गरम परोसें।

पंजाबी कढ़ी

सामग्री

पकोड़े

३/४ कप बेसन
१ मध्यम आकार का प्याज़, कटा हुआ
१/२ कप कटी हुई ताजी मेथी
१ इंच अदरक, किसा हुआ
१ छोटा चम्मच अजवाइन
१ छोटा चम्मच लाल मिर्च पाउडर
१/४ छोटा चम्मच बेकिंग पाउडर
नमक स्वादानुसार
तलने के लिये तेल

कढ़ी

१ कप दही, फेंटा हुआ
१/४ कप बेसन
१ छोटा चम्मच हल्दी
नमक स्वादानुसार
२ बड़े चम्मच तेल
१/२ छोटा चम्मच मेथी दाना
१/२ छोटा चम्मच जीरा
६ काली मिर्च
२ सूखी लाल मिर्च, आधी कटी हुई
१ मध्यम आकार का प्याज़, पतला फाँक किया हुआ (ऐच्छिक)
१/२ इंच अदरक, कटा हुआ
१ छोटा चम्मच लाल मिर्च पाउडर

विधि

१) पकोड़े बनाने के लिये - बेसन में प्याज़, मेथी, अदरक, अजवाइन, लाल मिर्च पाउडर, बेकिंग पाउडर और नमक मिलाइये। आधा कप पानी डालकर अच्छी तरह से फेंटकर चिकना घोल तैयार कर लीजिये।

२) कढ़ाई में तेल गरम करें, बेसन के घोल के छोटे आकार के पकोड़े बनाकर तेल में छोड़िये। सुनहरा भूरा होने तक उसे तलिये। तेल सोखने वाले कागज पर निकाल कर रखिये।

३) कढ़ी के लिये दही में एक चौथाई कप बेसन अच्छी तरह से मिला लीजिये। उसमें हल्दी, नमक और तीन कप पानी मिला कर अच्छी तरह से घोल लीजिये।

४) कढ़ाई में दो बड़े चम्मच तेल गरम कीजिए। मेथी दाने, जीरा, काली मिर्च और लाल मिर्च डालकर आधे मिनट तक हिलाइये।

५) उसमें प्याज़ और अदरक डालकर एक मिनट तक भूनें। दही का घोल उसमें डालकर अच्छी तरह से हिलाइये और एक उबाल आने दें, और बाद में धीमी आंच पर पंद्रह मिनट उबालें और बीच-बीच में हिलाते रहें।

६) लाल मिर्च पाउडर और पकोड़े डालिये और चार से पांच मिनट तक उबालें।

७) चावल के साथ गरमा-गरम परोसें।

सरसों दा साग

सामग्री

४ कप सरसों का साग, कटा हुआ
२ कप पालक, कटा हुआ (ऐच्छिक)
१ कप बथुआ साग, कटा हुआ (ऐच्छिक)
४ बड़े चम्मच शुद्ध घी
२ मध्यम आकार के प्याज़, कटे हुए
२ एक इंच के अदरक के टुकड़े कटे हुए
६-८ लहसुन की कलियाँ, कटी हुई
४-६ हरी मिर्च, कटी हुई
१ छोट। चम्मच लाल मिर्च पाउडर
नमक स्वादानुसार
२ बड़े चम्मच मकई का आटा
२ बड़े चम्मच मक्खन

विधि

१) एक बर्तन में दो बड़े चम्मच घी गरम करें। उसमें प्याज़ डालकर हल्का सुनहरा होने तक भूनें। उसमें अदरक, लहसुन और हरी मिर्च डालकर कुछ देर और भूनें।

२) लाल मिर्च पाउडर, कटा हुआ सरसों का साग, पालक और बथुआ साग डालकर दो मिनट तक पकायें।

३) नमक डालकर धीमी आँच पर दस मिनट तक पकायें। उसमें मकई का आटा और थोड़ा सा पानी डालकर साग नरम होने तक पकायें।

४) थोडा ठंडा होने पर इसे फूड प्रोसेसर या ब्लेंडर में डालकर दरदरा पीस लें।

५) बचे हुए घी और मक्खन को उसी बर्तन में गर्म करें उसमें दरदरे पीसे मिश्रण को डालकर पाँच से दस मिनट तक पकायें।

६) मक्के की रोटी के साथ इसे गरमा-गरम परोसें।

शेफ का सुझाव

पारंपरिक रूप से सरसों के साग को पकाते समय ही लकड़ी की मथनी या रवई से घोटकर नरम किया जाता है। यह प्रक्रिया मुश्किल और ज्यादा वक्त लेने वाली है परंतु इससे साग काफी स्वादिष्ट बनता है।

राजमा मसाला

सामग्री

१ कप राजमा
१/४ छोटा चम्मच सोडा बायकार्बोनेट
२ मध्यम आकार के प्याज़, मोटे कटे हुए
७-८ लहसुन की कलियाँ
१ इंच अदरक
४ बड़े चम्मच तेल
२-३ हरी मिर्च, काटी हुई
१ छोटा चम्मच लाल मिर्च पाउडर
२ छोटे चम्मच धनिया पाउडर
१ छोटा चम्मच जीरा पाउडर
४ मध्यम आकार के टमाटर, प्यूरी किए हुए
नमक स्वादानुसार
१ १/२ छोटा चम्मच गरम मसाला पाउडर
२ बड़े चम्मच ताजी धनिया पत्ती, कटी हुई

विधि

१) चार कप पानी में सोडा बायकार्बोनेट डालकर राजमे को सारी रात उसमें भिगोकर रखें। पानी से निकाल कर उसे ताजे पानी में खंगाल कर धोयें। पाँच कप पानी डालकर राजमे को प्रेशर कुकर में चार-पाँच सीटी होने तक पकाएं।

२) प्याज़, अदरक और लहसुन को पीसकर पेस्ट बना लीजिये।

३) कढ़ाई में तेल गरम करें। उसमें पीसी हुइ पेस्ट डालकर हरी मिर्च डालिये और उसे हल्का सुनहरा होने तक भूनें। लाल मिर्च पाउडर, धनिया पाउडर और जीरा पाउडर डालकर दो मिनट तक भूनिये।

४) टमाटर प्यूरी डालकर उसे हिलाइये और तेल अलग होने तक भूनिये।

५) राजमा डालकर दो कप पानी मिलाइये और नमक डालकर हिलाइये। एक उबाल आने के बाद ढांककर धीमी आंच पर दस मिनट तक पकायें।

६) गरम मसाला पाउडर डालकर हिलाइये। धनिया पत्ती से सजाकर गरमा-गरम परोसें।

भरवाँ टिंडा

सामग्री

५०० ग्राम टिंडे
१/४ कप तेल
१ बड़ा चम्मच ताजी धनिया पत्ती, काटी हुई

भरावन

१ बड़ा चम्मच तेल
१ छोटा चम्मच जीरा
१ मध्यम आकार का प्याज़, कटा हुआ
१ बड़ा चम्मच अदरक-लहसुन पेस्ट
१ छोटा चम्मच आमचूर
१/२ छोटा चम्मच हल्दी
१ बड़ा चम्मच धनिया पाउडर
१ छोटा चम्मच लाल मिर्च पाउडर
नमक स्वादानुसार

विधि

१) टिंडे धोकर पोंछकर सुखा लीजिये। दोनों सिरे काटकर यदि छिलके मोटे हों तो छील लीजिये। (टिंडे के मौसम में टिंडे इतने कौले होते हैं कि छीलने की आवश्यकता नहीं होती है।)

२) चिरा लगाकर टिंडों के चार भाग कीजिए पर इन्हें अलग मत कीजिए।

३) भरावन के लिये एक बडा चम्मच तेल बर्तन में गरम करें, उसमें जीरा डालकर उसका रंग बदलने तक भूनिये। अब उसमें प्याज और अदरक-लहसुन की पेस्ट डालकर कुछ देर और भूनिये। उसमें आमचूर, हल्दी, धनिया पाउडर और लाल मिर्च पाउडर डालकर अच्छी तरह से मिला लें । स्वादानुसार नमक डालकर हिलाइये और बर्तन को आँच पर से उतारकर ठंडा करने के लिए रखिये।

४) जितना हो सके उतना ज्यादा भरावन टिंडों में भरें।

५) भारी पेंदे वाली कढ़ाई में तेल गरम कर उसमें टिंडे डालिये। तेज आँच पर हिलाते हुए भूनिये जब तक वे चमकने ना लगें। आँच कम कर ढांककर टिंडे नरम होने तक पकायें।

६) बचा हुआ मसाला उसमें डालकर एक मिनट तक भूनिये।

७) धनिया पत्ती से सजाकर गरमा-गरम परोसें।

वडियाँ आलू

सामग्री

२-३ बड़े आकार की उड़द दाल की सूखी त्रडियाँ
४ मध्यम आकार के आलू
५ बड़े चम्मच तेल
१ छोटा चम्मच जीरा
१ बड़े आकार का प्याज़, कटा हुआ
१ इंच अदरक, कटा हुआ
एक चुटकी हींग
१/२ छोटा चम्मच हल्दी
२ छोटे चम्मच धनिया पाउडर
१/२ छोटा चम्मच जीरा पाउडर
१ १/२ छोटे चम्मच लाल मिर्च पाउडर
नमक स्वादानुसार
२ बड़े आकार के टमाटर, कटे हुए
१/२ छोटा चम्मच गरम मसाला पाउडर
२ बड़े चम्मच ताजी धनिया पत्ती, कटी हुई

विधि

१) वड़ियों के छोटे टुकडे कर लें।

२) आलू धोकर प्रत्येक के छीले बगैर आठ टुकडे कर लें।

३) एक बर्तन में तीन बड़े चम्मच तेल गरम कर लें। वड़ियों के टुकड़ों को सुगंध आने तक भून लें। कागज पर रख कर तेल सोख लेने के बाद एक कप पनी में डुबा कर रखें।

४) एक दूसरे बर्तन में दो बड़े चम्मच तेल गरम करें, उसमें जीरा और प्याज़ डालकर तीन मिनट तक भूनिये।

५) उसमें अदरक, हींग, हल्दी, धनिया पाउडर, जीरा पाउडर, लाल मिर्च पाउडर और नमक डालें और बाद में आलू डालें।

६) अच्छी तरह हिलायें, तीन कप पानी डालकर वड़ियाँ डालें। ढांककर आलू नरम होने तक पकायें।

७) टमाटर डालकर पाँच मिनट तक और पकायें।

८) गरम मसाला छिड़ककर धनिया पत्ती डालिये और गरमा-गरम परोसें।

शेफ का सुझाव

अमृतसर की वड़ियाँ बहुत स्वादिष्ट होती है, पर बहुत तीखी होती हैं।

ढाबा गोश्त

सामग्री

- ८०० ग्राम मटन हड्डी सहित, १ इंच के टुकड़ों में कटा हुआ
- ८ बड़े चम्मच तेल
- ५-६ काली मिर्च
- १ इंच दालचीनी
- ३-४ लौंग
- ३-४ हरी इलायची
- १ बडी काली इलायची
- १ तेज पत्ता
- ५ मध्यम आकार के प्याज़, काटे हुए
- २ बड़े चम्मच अदरक-लहसुन पेस्ट
- १/४ छोटा चम्मच हल्दी
- १ छोटा चम्मच लाल मिर्च पाउडर
- १ छोटा चम्मच जीरा पाउडर
- १ छोटा चम्मच धनिया पाउडर
- ४ मध्यम आकार के टमाटर, प्यूरी किए हुए
- नमक स्वादानुसार
- १/४ छोटा चम्मच गरम मसाला पाउडर
- २ बड़े चम्मच धनिया पत्ती, काटी हुई

विधि

१) प्रेशर कुकर में तेल गरम करें। तेल में काली मिर्च, दालचीनी, लौंग, हरी इलायची, बडी इलायची और तेजपत्ता डालकर सुगंध आने तक भूनिये। प्याज़ डालकर सुनहरा होने तक भूनिये।

२) मटन डालकर भूरा होने तक उसे भूनिये।

३) उसमें अदरक और लहसुन पेस्ट मिलाकर आधे मिनट तक चलाइये। हल्दी, लाल मिर्च पाउडर, जीरा पाउडर और धनिया पाउडर मिलाकर दो से तीन मिनट तक पकाइये।

४) एक कप पानी डालकर एक उबाल आने दीजिए। उबाल आने के बाद आँच धीमी कर दस से पंद्रह मिनट तक पकाइये।

५) टमाटर प्यूरी, नमक और गरम मसाला डालकर मिला लीजिये और कुकर बंद कर छः सीटी होने तक पकाइये।

६) धनिया पत्ती से सजाकर गरमा-गरम परोसें।

बुर्रा मसालेदार

सामग्री

१२-१५ (१ १/४ कि. ग्रा.) लॅम्ब के टुकड़े
१ कप दही
२ एक इंच के कच्चे पपीते के टुकड़े, कस किए हुए
नमक स्वादानुसार
१ बड़ा चम्मच धनिया
१ १/२ छोटे चम्मच जीरा
४-६ लौंग
२ बडी इलायची
१ जावित्री
८-१० काली मिर्च
२ सूखी लाल मिर्च
१/४ कप तेल
२ मध्यम आकार के प्याज़, कटे हुए
४ छोटे चम्मच अदरक पेस्ट
२ छोटे चम्मच लहसुन पेस्ट
१ १/२ छोटे चम्मच काश्मिरी लाल मिर्च पाउडर
२ मध्यम आकार के टमाटर, कटे हुए
२ बड़े चम्मच ताजी धनिया पत्ती, कटी हुई

विधि

१) लॅम्ब के टुकड़ों को साफ करें और धोकर रसोईघर के कपड़े से पोंछ कर सूखा लें।

२) मलमल के कपड़े में दही को बांधकर कम से कम आधे घंटे के लिए लटकाकर फ्रिज में रख दें।

३) एक कटोरे में पानी निकाला हुआ दही रखें उसमें पपीता और नमक डालकर मिलाएं। इसमें लॅम्ब के टुकड़ों को डालकर इसे दो घंटे तक फ्रिज में मेरीनेट होने के लिए रख दें।

४) धनिया, जीरा, लौंग, बड़ी इलायची, जावित्री, काली मिर्च और लाल मिर्च को तवे पर सूखा भून लें। ठंडा होने के बाद महीन पाउडर बना लें।

५) बर्तन में तेल गरम कर प्याज़ को तीन-चार मिनट या हल्का सुनहरा भूरा होने तक भूनिये। अदरक और लहसुन पेस्ट डालकर कुछ सेकंड तक हिलाते रहिये।

६) मसाला पाउडर और काश्मिरी लाल मिर्च पाउडर मिलाकर धीमी आँच पर दो मिनट तक पकाइये।

७) इसमें मेरीनेट किए लॅम्ब के टुकड़े, मेरीनेड और एक कप पानी मिलाइए और एक उबाल आने दीजिए।

८) आँच धीमी करके, ढक्कन लगाकर पंद्रह से बीस मिनट या लॅम्ब के टुकड़े पकने तक उबालिए।

९) टमाटर डालिए लगातार घुमाते हुए तेज आँच पर चार से पाँच मिनट तक या रसा (ग्रेवी) गाढा होने तक पकाइए।

१०) धनिया पत्ती से सजाकर गरमा-गरम परोसें।

कीमा कलेजी

सामग्री

४०० ग्राम मटन कीमा
२०० ग्राम मटन कलेजी
१ छोटा चम्मच हल्दी
३ बड़े चम्मच तेल
१ छोटा चम्मच जीरा
२ मध्यम आकार के प्याज़, कटे हुए
१ बड़ा चम्मच अदरक पेस्ट
१ बड़ा चम्मच लहसुन पेस्ट
३-४ हरी मिर्च, कटी हुई
२ छोटे चम्मच धनिया पाउडर
१ छोटा चम्मच लाल मिर्च पाउडर
४ मध्यम आकार के टमाटर, कटे हुए
$^{१}/_{२}$ छोटा चम्मच काला नमक
नमक स्वादानुसार
२ बड़े चम्मच ताजी धनिया पत्ती, कटी हुई

विधि

१) कलेजी को साफ करके धो लीजिए। पानी में आधा छोटा चम्मच हल्दी पाउडर डालकर कलेजी को उसमें उबाल लीजिये। पाँच मिनट तक पकाइये। पानी से निकालकर ठंडा कर कलेजी के आधे इंच के टुकड़े कर लीजिये।

२) भारी पेंदे वाले बर्तन में तेल गरम करें। उसमें जीरे को रंग बदलने तक भूनें। प्याज़ डालें और सुनहरा भूरा होने तक भूनें। अदरक और लहसुन की पेस्ट और हरी मिर्च डालकर मध्यम आँच पर आधे मिनट तक पकायें।

३) उसमें कीमा डालकर भूरा होने तक तेज आँच पर पकायें। बची हुई हल्दी, लाल मिर्च पाउडर और धनिया पाउडर डालकर मध्यम आँच पर भूनें।

४) एक कप पानी डालकर उबालिये। उसे ढांककर पंद्रह मिनट तक पकायें या कीमा लगभग पकने तक पकाये। बीच-बीच में हिलाते रहें। टमाटर डालें और तेल अलग होने तक पकायें।

५) उसमें कलेजे के टुकड़े डालकर एक कप पानी डालिये और एक उबाल आने दें। बाद में धीमी आँच पर ढांककर पंद्रह से बीस मिनट तक या कीमा व कलेजी पकने तक पकाइये ।

६) उसमें काला नमक, नमक और थोडी धनिया पत्ती डालकर तीन-चार मिनट तक पकाइये।

७) धनिया पत्ती से सजाकर गरमा-गरम परोसें।

शेफ का सुझाव

यह एक सूखी डिश है, जिसमें ग्रेवी (रसा) गाढ़े मसाले के रूप में होती है ।

पटियाला चिकन

सामग्री

१ पूरा चिकन, चार टुकड़ों में कटा हुआ (८०० ग्राम)
४ बड़े चम्मच घी या तेल
१ इंच दालचीनी
४-५ लौंग
४-५ हरी इलायची
४-५ मध्यम आकार के प्याज़, किसे हुए
२ छोटे चम्मच अदरक पेस्ट
२ छोटे चम्मच लहसुन पेस्ट
४ हरी मिर्च, चार टुकड़ों में तोड़ी हुई
१/२ छोटा चम्मच हल्दी
२ बड़े चम्मच धनिया पाउडर
१ छोटा चम्मच जीरा पाउडर
२ छोटे चम्मच लाल मिर्च पाउडर
नमक स्वादानुसार
४-५ मध्यम आकार के टमाटर, प्यूरी किए हुए
२ बड़े चम्मच दही
२ छोटे चम्मच गरम मसाला पाउडर
४ बड़े चम्मच ताजी धनिया पत्ती, कटी हुई

विधि

१) कुकर में घी या तेल को गरम करें। उसमें दालचीनी, लौंग और इलायची डालकर आधे मिनट तक चलाते रहें। किसा हुआ प्याज़ उसमें डालकर सुनहरा भूरा होने तक भूनें। अदरक पेस्ट, लहसुन पेस्ट, हरी मिर्च डालकर और दो से तीन मिनट तक भूनना जारी रखिये।

२) हल्दी, धनिया पाउडर, जीरा पाउडर और लाल मिर्च पाउडर डालकर अच्छी तरह मिला लें।

३) चिकन डालकर स्वादानुसार नमक डालें। दो से तीन मिनट तक भूनें। टमाटर प्यूरी डालिये और तेल अलग होने तक भूनिये।

४) दही को फेंटकर कुकर में डालें, डेढ कप पानी डालें। कुकर को बंद कीजिये और एक सीटी होने दें।

५) कुकर को आँच पर से उतार लें और प्रेशर पूरी तरह से निकल जाने के बाद खोलें। गरम मसाला छिड़ककर धनिया पत्ती से सजाकर गरमा गरम परोसें।

चिकन मखनी

सामग्री

२ ब्रेस्ट पीस और २ लेग पीस (८०० ग्राम) चिकन
१ छोटा चम्मच काश्मिरी मिर्च पाउडर
१ बड़ा चम्मच नींबू का रस
नमक स्वादानुसार

मेरिनेड
१ कप दही
१ छोटा चम्मच काश्मिरी लाल मिर्च पाउडर
नमक स्वादानुसार
२ बड़े चम्मच अदरक पेस्ट
२ बड़े चम्मच लहसुन पेस्ट
२ बड़े चम्मच नींबू का रस
१/२ छोटा चम्मच गरम मसाला पाउडर
२ बड़े चम्मच सरसों का तेल
२ बड़े चम्मच मक्खन

मखनी ग्रेवी
३ बड़े चम्मच मक्खन
२-३ (छोटी) हरी इलायची
४-५ लौंग
७-८ काली मिर्च
१ इंच दालचीनी
१ बड़ा चम्मच अदरक पेस्ट
१ बड़ा चम्मच लहसुन पेस्ट
२ हरी मिर्च, कटी हुई
४०० ग्राम टमाटर प्यूरी
१ बडा चम्मच लाल मिर्च पाउडर
१/२ छोटा चम्मच गरम मसाला पाउडर
नमक स्वादानुसार
२ बड़े चम्मच शक्कर या शहद
१/२ छोटा चम्मच सूखी कसूरी मेथी पाउडर
१ कप ताजी मलाई

विधि

१) चिकन को धोकर साफ कर लीजिये। तेज धार वाली छूरी से प्रत्येक टुकड़े पर चीरा लगा लीजिये।

२) चिकन पर लाल मिर्च पाउडर, नींबू का रस अँर नमक का मिश्रण मसलकर आधे घंटे के लिये एक तरफ रख दीजिये।

३) मेरिनेड बनाने के लिये दही को मलमल के कप्डे में कसकर बांधकर आधे घंटे तक लटकाकर हो सके तो फ्रिज में रखें।

४) इस बिना पानी वाले दही को एक बाऊल मे लेकर उसमें लाल मिर्च पाउडर, नमक, अदरक पेस्ट, लहसुन पेस्ट, नींबू का रस, गरम मसाला पाउडर और सरसों का तेल डालकर अच्छी तरह मिला लीजिये।

५) इस दही के मिश्रण को चिकन पर लगाकर उसे ढांककर तीन से चार घंटे फ्रिज में रखें।

६) चिकन को सींख में पिरोकर सामान्य गरम तंदूर में पकाइये या अवन को (२००°से.) पर पहले से गरम कर उसमें दस से बारह मिनट तक सेंकिये या करीब-करीब पकने तक सेंकिये। उस पर मक्खन लगाकर उसे और दो मिनट तक सेंकिये। चिकन को तंदूर या अवन से बाहर निकाल कर ठंडा कीजिये। ठंडा हो जाने पर प्रत्येक के दो टुकडे कर लीजिये।

७) मखनी ग्रेवी के लिये - मक्खन को एक बर्तन में गरम करें। उसमें इलायची, लौंग, काली मिर्च और दालचीनी डालकर दो मिनट तक भूनिये। उसमें अदरक पेस्ट, लहसुन पेस्ट और हरी मिर्च डालकर और दो मिनट तक पकायें।

८) उसमें टमाटर प्यूरी, लाल मिर्च पाउडर, गरम मसाला पाउडर, नमक और एक कप पानी डालकर उबाल लाइए। आँच कम करके उसे दस मिनट तक उबलने दीजिये। बाद में उसमें शक्कर या शहद और कसूरी मेथी पाउडर मिलाइये।

९) पका हुआ तंदूरी चिकन उसमें डालकर पांच मिनट तक उबालिये और उसमें मलाई डालिये।

१०) चिकन मखनी को पराठे के साथ गरमा-गरम परोसें।

आलू गोभी पराठा

सामग्री

३ कप आटा + पलेथन के लिए

३ मध्यम आकार के आलू, उबालकर, छीलकर मसले हुए

१/२ मध्यम आकार की फूल गोभी, कस की हुई

नमक स्वादानुसार

२ बड़े चम्मच तेल + शेलो फ्राय (भूनने) के लिए

२ बड़े चम्मच ताजी हरी धनिया पत्ती, बारीक कटी हुई

३ हरी मिर्च, मसली हुई

१/२ इंच अदरक, कस की हुई

१/२ छोटा चम्मच लाल मिर्च पाउडर

विधि

१) आटे को एक गहरे बाउल में लेकर, उसमें स्वादानुसार नमक मिलाकर, दो बड़े चम्मच तेल डालकर अच्छी तरह से मसल लें। पानी डालकर अच्छी तरह से कड़क गूंध ले । इसे ढांककर पंद्रह-बीस मिनट के लिये अलग रख दें ।

२) आलू और गोभी को मिला लीजिये । उसमें धनिया पत्ती, हरी मिर्च, अदरक, लाल मिर्च पाउडर और स्वादानुसार नमक मिला लें । आठ समान भागों में बाँट लें ।

३) सने हुए आटे के आठ समान पेढ़े तैयार कर ले । इन पेढ़ों को पांच मिनट के लिए गीले कपड़े से ढांककर रखें ।

४) आटे के पेढ़े को ऊँगलियों से ऐसा दबाएं कि किनार पतली हो और बीच का हिस्सा मोटा। बीच के मोटे हिस्से पर आलू-गोभी के मिश्रण का एक भाग रखकर किनारों को अच्छी तरह जोड़कर गोला बना लीजिये। किनारों को अच्छी तरह चिपकायें ताकि भरावन बाहर न आये।

५) थोड़ा सा सूखा आटा छिड़ककर उस गोले को बेलकर छः इंच गोल पराठा तैयार कीजिये।

६) तवा गरम करें। इस पर पराठा रखकर मध्यम आँच पर इसे दो मिनट तक दोनों ओर से सेंके। पराठे पर आधा बडा चम्मच तेल लगायें, पराठा पलट दें अब दूसरी ओर आधा बडा चम्मच तेल लगायें। धीमी आँच पर पराठे को सुनहरा भूरा होने तक सेंके।

७) दही अथवा आम के अचार के साथ गरमा-गरम परोसें।

आम का अचार

सामग्री

- ५०० ग्राम हरे कच्चे आम/केरी
- २ १/२ बड़े चम्मच सौंफ
- १ बड़ा चम्मच मेथीदाना
- २ छोटे चम्मच कलौंजी
- २ १/२ छोटे चम्मच हल्दी
- २ बड़े चम्मच लाल मिर्च पाउडर
- २ छोटे चम्मच राई की दाल
- ३ १/२ छोटे चम्मच नमक
- १ कप सरसों तेल
- १/४ कप काबूली चने

विधि

१) कच्चे आम धोकर पोंछकर सूखा लें। छीलकर बीच में से दो टुकड़े कर गुठली अलग कर लें। और आधे इंच के चौकोर टुकड़ों में काट लें।

२) सौंफ और मेथीदाना की मोटी पाउडर तैयार कर लें।

३) आम को एक बाउल में रखें और उसमें सौंफ-मेथीदाना पाउडर, कलौंजी, हल्दी, लाल मिर्च पाउडर, राई की दाल, नमक और काबूली चने अच्छी तरह मिला लें।

४) एक पेन में सरसों का तेल धुआँ उठने तक गरम कर लें, बाद में पेन आँच पर से उतार कर तेल ठंडा होने के लिए रख दें।

५) ठंडा किया हुआ तेल आम के बाउल में डालकर मिला लें ताकि आम के सभी टुकड़ों पर तेल अच्छी तरह से लग जाए।

६) उसे तीन दिन तक ढांक कर रखें । चौथे दिन उसे एक साफ चिनी मिट्टी के जार में डाल लें ।

७) जार के मुँह को मलमल के कपड़े से ढांककर बांध लें और उस जार को बारह से पंद्रह दिन के लिए धूप में तैयार होने के लिए रख दें । दिन में उसे कम से कम एक बार अच्छी तरह से जरूर हिलायें ।

८) बारहवें दिन के बाद अचार खाने के लिये तैयार हो जायेगा । इसे सूखी और ठंडी जगह पर रखने पर यह एक साल तक टिकेगा ।

दाल मखनी

सामग्री

१/२ कप साबूत उड़द
२ बड़े चम्मच राजमा
नमक स्वादानुसार
२ इंच अदरक, कस किया हुआ
१ बड़ा चम्मच तेल
३ बड़े चम्मच मक्खन
१ छोटा चम्मच जीरा
१ बड़ा प्याज़, बारीक काटा हुआ
६ लहसुन की कलियां, बारीक काटी हुई
४ मध्यम आकार के टमाटर, बारीक काटे हुए
१ छोटा चम्मच गरम मसाला पाउडर
१/२ कप ताजी मलाई
१ छोटा चम्मच लाल मिर्च पाउडर

विधि

१) साबूत उड़द और राजमा धोकर तीन कप पानी में रातभर भिगोकर रखें। पानी निकाल दें।

२) प्रेशर कुकर में तीन कप पानी में राजमा और साबूत उड़द को नमक और आधे अदरक के साथ नरम होने तक पकायें।

३) भारी पेंदे वाले पेन में तेल गरम कर उसमें जीरा डालें। जीरे का रंग बदलने लगे तब उसमें प्याज़ डालकर सुनहरा भूरा होने तक भूनें।

४) बचा हुआ अदरक, लहसुन और टमाटर उसमें मिलाए। टमाटर नरम होने तक और तेल अलग होने तक भूनिये । अब उसमें उबली हुई दालें और दो कप पानी मिलाकर हिलायें । नमक चखकर स्वादानुसार कर लें।

५) गरम मसाला डालकर बहुत धीमी आँच पर पंद्रह मिनट तक उबालें।

६) ताजी मलाई और लाल मिर्च पाउडर डालकर और पांच मिनट तक उबालें।

७) पराठों के साथ गरमा-गरम परोसें।

शेफ का सुझाव

दाल मखनी दूसरे दिन भी अच्छी (ज्यादा बेहतर!) लगती है। मैं तो ठंडी दाल मखनी को गरमा-गरम पराठों के साथ खाता हूँ।

कुल्चा

सामग्री

२ कप मैदा
नमक स्वादानुसार
१/४ छोटा चम्मच सोडा बायकार्बोनेट
२ बड़े चम्मच दही
२ बड़े चम्मच दूध
३ बड़े चम्मच तेल
३/४ छोटा चम्मच कलौंजी
२ बड़े चम्मच मक्खन

विधि

१) नमक और सोडा बायकार्बोनेट मिलाकर मैदा छान लीजिये । इसमें धीरे-धीरे दही और दूध मिलाईये । पर्याप्त पानी डालकर इसका नरम व चिकना आटा गूँध लें। दस मिनट तक गीले कपड़े से ढांककर रखें।

२) दो बड़े चम्मच तेल मिलाकर सने हुए आटे को फिर से अच्छे से गूंध लें । फिर से उसे एक घंटे तक ढांककर रख दीजिये । छ: से आठ गोले बना लीजिये ।

३) हल्का सा सूखा आटा लगाकर चार से पांच इंच की रोटी बेल लीजिये । हल्का सा तेल लगाकर कलौंजी छिड़क दीजिये और हथेलियों से दबा दीजिये ।

४) अवन को २२०° से. पर पहले से गरम कर लीजिये ।

५) कुलचे को तेल लगे बेकिंग ट्रे पर रखें और छः से आठ मिनट तक सेंके ।

६) गरमा-गरम कुलचे पर मक्खन लगाएँ और तुरंत परोसें ।

शेफ का सुझाव

पारंपरिक रूप से कुलचे को तंदूर में पकाया जाता है ।

मूँग की डेली दाल

सामग्री

१ १/२ कप धुली मूँग दाल
नमक स्वादानुसार
१/४ छोटा चम्मच हल्दी
१ इंच अदरक, काटा हुआ
२ बड़े चम्मच तेल
१ छोटा चम्मच जीरा
१/४ छोटा चम्मच हींग
१ बड़े आकार का प्याज़, काटा हुआ
३-४ लहसुन की कलियाँ, काटी हुई
१ बड़े आकार का टमाटर, काटा हुआ
१ छोटा चम्मच लाल मिर्च पाउडर
१ छोटा चम्मच धनिया पाउडर
१ बडा चम्मच ताजी धनियां पत्ती, काटी हुई

तड़का

१ बडा चम्मच घी
८ लहसुन की छोटी कलियाँ
१ हरी मिर्च, बीच में से चिरी हुई

विधि

१) मूँग की दाल को धोकर तीन कप पानी में पंद्रह मिनट तक भिगोइये। पानी से निकालकर दाल को प्रेशर कुकर में तीन कप पानी, नमक, हल्दी और अदरक डालकर पकाइये।

२) भारी पेंदे वाले पेन में तेल गर्म कर उसमें जीरा और हींग डालिए। जीरे का रंग बदलने लगे तब उसमें प्याज़ डालकर मध्यम आंच पर दो से तीन मिनट भूनिये। लहसुन डालकर और एक मिनट तक भूनिये।

३) टमाटर और नमक मिलाकर और दो मिनट तक भूनें।

४) लाल मिर्च पाउडर और धनिया पाउडर मिलायें। हिलायें, धीमी आँच पर टमाटर नरम होकर तेल अलग होने तक पकाएं।

५) पकी हुई दाल मिलाकर एक उबाल आने दें।

६) तड़के के लिये एक पेन में घी गर्म करें, उसमें लहसुन की पूरी कलियाँ और हरी मिर्च डालें और एक मिनट तक भूनें और दाल में मिला दें। हिलाकर दाल को तुरंत ढांक दे ताकी स्वाद बना रहे।

७) धनिया पत्ती से सजाकर गरमा-गरम परोसें।

गाजर गोभी शलजम का अचार

सामग्री

५०० ग्राम गाजर, १ १/२ इंच, टुकडों में कटी हुई
५०० ग्राम फूलगोभी, मध्यम आकार के फूल तोड़े हुए
५०० ग्राम शलजम, छीलकर १ १/२ इंच के टुकड़ों में काटा हुआ
१२ बड़े चम्मच सरसों का तेल
६ बड़े चम्मच अदरक, मोटा पीसा हुआ
२ बड़े चम्मच लहसुन, मोटी पीसी हुई
१ १/२ बड़े चम्मच सरसों की दाल की पाउडर
१ १/२ बड़े चम्मच लाल मिर्च पाउडर
१/२ बड़ा चम्मच गरम मसाला पाउडर
१०-१२ काली मिर्च, दरदरी कुटी हुई
३/४ कप गुड, कस किया हुआ
१ बड़ा चम्मच नमक
१ १/२ बड़े चम्मच सफेद विनेगर

विधि

१) कढ़ाई में तेल गरम करें। अदरक और लहसुन पेस्ट उसमें डालकर हल्का सुनहरा होने तक भूनिये।

२) उसमें सरसों पाउडर, लाल मिर्च पाउडर, गरम मसाला पाउडर और काली मिर्च मिलाकर कुछ सेकन्ड तक हिलाते रहें।

३) गुड और नमक डालकर अच्छी तरह से मिला लें।

४) उसमें कटी हुई सब्ज़ियाँ डालकर अच्छी तरह मिलाकर तीन से चार मिनट तक पकाइये। पेन को आँच पर से उतारकर अच्छी तरह से ठंडा होने दें।

५) विनेगर डालकर अच्छी तरह से मिलाइये।

६) साफ धुले जार में इसे रखें। यह अचार एक साल तक अच्छा रहता है।

लच्छा पराठा

सामग्री

१ १/२ कप आटा
१/२ कप मैदा
नमक स्वादानुसार
३ बड़े चम्मच दूध
१ बड़ा चम्मच शक्कर
६ बड़े चम्मच शुद्ध घी

विधि

१) आटे में मैदा और नमक मिलाकर एक बाउल में छान लें। एक बड़ा चम्मच घी डालकर ऊँगलियों से उसे मसल लें।

२) पेंन में दूध गरम कर लें और उसमें चीनी घोल लें। इसे आटे में पूरी तरह से मिला लें। पर्याप्त पानी डालकर नरम आटा गूंध लीजिये। इस आटे के चार गोले तैयार कर लीजिये। प्रत्येक गोले की छः-सात इंच की पतली रोटी बेल लें।

३) रोटी की उपरी सतह पर पिघला हुआ घी लगाकर आटा छिड़कें और उसे मोडकर उसमें कई परतें बना लें।

४) चक्राकार मोड़ लीजिये। उसे हाथों से दबाइए और पांच मिनट के लिए एक ओर रख दीजिये। हल्के हाथ से छः इंच का पराठा बेल लीजिये।

५) तवा गरम करें। पराठे को दोनों ओर से मध्यम आंच पर सेंक लीजिये। थोड़ा सा घी लगाकर दोनों ओर से सुनहरा भूरा होने तक सेंक लीजिये।

६) हल्के हाथ से दबाकर परतों को अलग-अलग कर लें। गरमा-गरम परोसें।

मिस्सी रोटी

सामग्री

दो कप बेसन
३/४ कप आटा
१/४ कप ताजी धनिया पत्ती, कटी हुई
४ हरी मिर्च, कटी हुई
१ मध्यम आकार का प्याज़, कटा हुआ
१ छोटा चम्मच हल्दी
नमक स्वादानुसार
१ छोटा चम्मच चाट मसाला
१ बड़ा चम्मच अनारदाना
१ बड़ा चम्मच तेल + लगाने के लिये
मक्खन, परोसने के लिये

विधि

१) बेसन और आटे को मिलाकर छान लीजिये। उसमें धनिया पत्ती, कटी हरी मिर्च, हल्दी, नमक, चाट मसाला, अनारदाना और एक बडा चम्मच तेल मिला लीजिये। पर्याप्त पानी मिलाकर नरम आटा गूँधकर दस मिनट के लिये रख दीजिये।

२) उस आटे के सोलह समान गोले बना लीजिये।

३) हथेलियों पर हल्का सा तेल लगाकर उन गोलों को हथेलियों के बीच रखकर, या तेल लगी सतह पर हल्कासा सूखा आटा डालकर बेलन की सहायता से छः इंच की रोटी बना लीजिये।

४) तंदूर को गरम करें। रोटी की एक तरफ पर पार्न छिड़ककर उसे तंदूर के अंदर चिपका दीजिये।

५) या फिर गर्म तवे पर रोटी को सेंक लीजिये, उस पर मक्खन लगाकर गरमा-गरम परोसें।

मा छोले दी दाल

सामग्री

१/२ कप चना दाल
१/२ कप छिलके वाली उड़द दाल
नमक स्वादानुसार
१/४ छोटा चम्मच हल्दी
१ छोटा चम्मच सोंठ
१ इंच अदरक, काटा हुआ
३ हरी मिर्च, बारीक कटी हुई
२-३ बड़े चम्मच घी
१ बड़ा चम्मच मक्खन
१ छोटा चम्मच जीरा
१ मध्यम आकार का प्याज़, बारीक काटा हुआ
२ मध्यम आकार के टमाटर, बारीक कटे हुए
१/२ छोटा चम्मच लाल मिर्च पाउडर

विधि

१) दोनों दालों को मिलाकर धोकर चार कप पानी में एक घंटे तक भिगोकर रखें।

२) पानी फेंक कर दाल को एक पेन में चार कप पानी स्वादानुसार नमक, हल्दी, सोंठ, आधा अदरक और हरी मिर्च के साथ मिला लें।

३) ढांककर धीमी आंच पर दाल नरम होने तक पका लें। दाल को चम्मच से हिलाकर अच्छी तरह से मिला लें। उन्हें पूरी तरह से मसले नहीं।

४) एक पेन में घी और मक्खन को गरम कर लें। उसमें जीरा, बचा हुआ अदरक और हरी मिर्च डालें। उसे अच्छी तरह हिलाकर उसमें प्याज़ डालें। प्याज़ को लाल भूरा होने तक भूनें।

५) टमाटर डालकर हिलाइये। लाल मिर्च पाउडर डालकर अच्छे से मिलाइये।

६) मसालों के मिश्रण को दाल में डालिये। अच्छे से हिलाकर कुछ मिनट तक उबालिये, गरमा-गरम परोसें।

मूली का पराठा

सामग्री

३ कप गेहूँ का आटा + पलेथन के लिये

३ मध्यम आकार की सफेद मूली पत्तियों सहित

स्वादानुसार नमक

२ बड़े चम्मच घी + तलने (शेलो फ्राय) के लिये

१/२ छोटा चम्मच लाल मिर्च पाउडर

१/४ छोटा चम्मच अजवाइन, कूटी हुई

२ हरी मिर्च, कटी हुई

२ बड़े चम्मच ताज़ी धनिया पत्ती, कटी हुई

विधि

१) मूली किस लें और मूली की पत्तियों को बारीक काट लें। किसी हुई मूलियों को निचोड़ कर अतिरिक्त रस निकाल लें। किसी हुई मूली व निचोडे हुए रस को अलग-अलग एक तरफ रख दें।

२) एक बाउल में आटा और स्वादानुसार नमक मिलाकर उसमें दो बड़े चम्मच घी मिलाकर उसे ऊंगलियों से मसल लें। मूली का रस मिलाकर उसे नरम गूँध लें, आवश्यकता पड़ने पर थोड़ा पानी मिला लें। गीले कपड़े से ढांककर पंद्रह मिनट तक रखें।

३) दूसरे बाउल में किसी हुई मूली, मूली के पत्ते, लाल मिर्च पाउडर, अजवाइन, हरी मिर्च और धनिया पत्ती मिलाकर उसके समान आठ भाग कर लीजिये।

४) गूंधे हुए आटे के समान आठ भाग कर हर एक भाग को इस तरह बेलिये कि किनारे पतले रहें और बीच का भाग मोटा रहे। बीच में भरावन रखकर नमक छिड़ककर किनारे जोड़ते हुए गोला तैयार करें।

५) गोले को दबाकर चपटा कर लें। तेल और सूखा आटा लगी सतह पर रखकर उसे पराठे के आकार में बेल लें।

६) तवा गर्म कर उस पर पराठे को एक मिनट तक पकाकर पलट लें। उस पर घी लगायें फिर दूसरी ओर पलटकर उस पर भी घी लगायें। दोनों ओर से सुनहरा और कुरकुरा होने तक सेंके।

७) गरमा-गरम परोसें।

भटूरे

सामग्री

२ १/२ कप मैदा
१/२ छोटा चम्मच बेकिंग पाउडर
एक चुटकी सोडा बायकार्बोनेट
१/२ कप दही
१ छोटा चम्मच नमक
२ छोटे चम्मच पीसी शक्कर
२ बड़े चम्मच तेल + तलने के लिए

विधि

१) मैदा, बेकिंग पाउडर और सोडा बायकार्बोनेट मिलाकर छान लीजिये ।

२) दही में नमक और शक्कर मिलाकर उसे मैदे में डालकर आवश्यकतानुसार पानी मिलाकर नरम गूंध लीजिये ।

३) बाद में उसमें दो बड़े चम्मच तेल मिलाकर गूंध लीजिये । उसे एक घंटे तक गीले कपड़े से ढांककर रख दीजिये ।

४) इस आटे के सोलह समान गोले तैयार कीजिए । इन गोलों को गीले कपड़े से ढांककर और दस मिनट के लिए रख दीजिये ।

५) हाथों पर तेल लगाकर गोलों को चपटा कर लीजिए। अब इनके पाँच इंच के भटूरे बेल लीजिए।

६) कढ़ाई में तेल गरम कर तेज आँच पर भटूरे को दोनों तरफ से भूरा होने तक तलें। तेल सोखने वाले कागज पर निकाल कर रखें।

७) छोलों के साथ गरमा-गरम परोसें।

मक्की दी रोटी

सामग्री

१ १/२ कप मकई का आटा

१/४ कप गेहूँ का आटा (ऐच्छिक)

नमक स्वादानुसार

घर का बना हुआ ताजा मक्खन

विधि

१) मकई के आटे में गेहूँ का आटा और नमक अच्छी तरह मिला लें। कुनकुना पानी डालकर सामान्य नरम आटा गूँध लें। आठ समान गोले तैयार कर लें।

२) हथेलियों पर पानी लगा लें। आटे के गोल को हथेलियों के बीच में रखकर थोडी मोटी रोटी बना लें। या फिर तेल लगी दो प्लास्टिक शीट के बीच रखकर गोले को बेल लें।

३) तवा गरम करें और उस पर रोटी रखें। रोटी को मध्यम आँच पर एक तरफ से तब तक सेकें जब तक वह आधी न पक जाये। फिर उसे पलटा कर उस पर मक्खन लगायें। उसे पलटकर दूसरी ओर भी मक्खन लगायें। रोटी दोनों तरफ से सुनहरी भूरी रंग की होने तक सेंके।

४) इसे बहुत सारे मक्खन के साथ गरमा गरम परोसें।

गुड़पारे

सामग्री

१/२ कप आटा
१ ३/४ कप मैदा
१/२ कप घी + तलने के लिये
१ कप गुड़, किसा हुआ
१ छोटा चम्मच सौंफ, दरदरी पिसी हुई

विधि

१) आटे और मैदे को एक बाऊल में लेकर उसमें १/२ कप घी डालकर ऊंगलियों से मसलिये। पाँच बड़े चम्मच पानी डालकर उसे कड़क गूँध लीजिये। पंद्रह मिनट तक गीले कपड़े से ढांक कर रखें।

२) इसे चार भागों में बाँट लीजिये और पाव इंच मोटी चपाती बेल लीजिये। इस रोटी की आधा इंच चौडाई की पट्टियाँ काट लीजिए। अब डेढ़ इंच लंबाई की तिरछी पट्टियाँ काट लीजिए।

३) कढाई में घी को पर्याप्त गरम कर इन टुकड़ों को सुनहरा भूरा होने तक तल लीजिये। निकालकर सोखने वाले कागज पर रखिये।

४) इस बीच गुड़ को पाव कप पानी में डालकर दो तार की चासनी बना लीजिये। उसमें दरदरी पिसी हुई सौंफ मिला दीजिये।

५) तली हुई पट्टियाँ चासनी में सावधानीपूर्वक डुबायें। इसे ठंडा कर एयरटाइट जार में रखिये।

कड़ा परशाद

सामग्री

१ कप मोटा आटा

१ कप देशी घी

१ कप शक्कर

विधि

१) एक कढ़ाई में घी गरम कर उसमें आटा डालिये। आठ से दस मिनट तक सतत लगातार हिलाते हुए आटा लाल भूरे रंग का होने तक भूनिये।

२) धीरे-धीरे चार कप पानी मिलाकर पाँच मिनट तक पकाइये या मिश्रण के थोडे गाढ़े होने तक पकाईये, आवश्यकता होने पर थोड़ा और पानी मिलाइये।

३) शक्कर डालकर अच्छी तरह से मिलाकर पाँच मिनट तक या मिश्रण बर्तन छोडने लगे तब तक पकाइये ।

४) गरमा-गरम परोसें।

गाजर हलवा

सामग्री

८-१० मध्यम आकार के गाजर, कस किये हुए
३ बड़े चम्मच शुद्ध घी
२ कप दूध
१/४ छोटा चम्मच हरी इलायची पाउडर
१ कप खोया/मावा कस किया हुआ
३/४ कप शक्कर
५-६ काजू, टुकड़े किये हुए
५-६ बादाम, ब्लान्च किए हुए व पतले काटे हुए
१०-१५ किशमिश

विधि

१) शुद्ध घी को भारी पेंदे वाले बर्तन में गर्म करें और उसमें गाजर डालकर पाँच मिनट तक भूनें।

२) उसमें दूध और इलायची पाउडर डालकर मध्यम आँच पर पंद्रह से बीस मिनट तक पकायें या दूध सूखकर गाजर नरम होने तक पकायें।

३) खोया और शक्कर डालकर मिलाइये और लगातार हिलाते हुए दो से तीन मिनट तक पकायें या शक्कर के पिघलने तक पकायें। और दो मिनट तक पकाना जारी रखिये।

४) काजू, बादाम और किशमिश डालिए। चांदी के वर्क से सजाइये और गरम या साधारण ठंडा परोसें।

पिन्नी

सामग्री

१ १/४ कप धुली उड़द दाल
३/४ कप शुद्ध घी
२ १/२ बड़े चम्मच सूजी/रवा
१ १/२ बड़े चम्मच बेसन
१/२ बड़ा चम्मच गेहूँ का आटा
१ कप चीनी (शक्कर)
३ बड़े चम्मच बादाम की पतली फाँकें
३/४ कप खोया, किस किया हुआ
१/२ छोटा चम्मच हरी इलायची पाउडर

विधि

१) तीन कप पानी में उड़द दाल कम से कम एक घंटे तक भिगोकर रखें। पानी से निकालकर पीसकर पेस्ट बना लें। जहाँ तक हो सके पानी न डालें या बहुत जरूरी हो तो नाम मात्र का पानी मिलायें।

२) एक बर्तन में घी गर्म करें, उसमें सूजी, बेसन और आटा डालकर पाँच मिनट तक भूनें। उसमें दाल की पेस्ट मिलाकर धीमी आँच पर आधे घंटे तक भूनिये।

३) इस बीच शक्कर में आधा कप पानी डालकर एक तार की चासनी बना लें।

४) बादाम की फाँकों को भून लें।

५) उड़द दाल में खोया मिलाकर पाँच मिनट तक पकायें। उसमें हरी इलायची पाउडर मिलायें।

६) चासनी डालकर मिश्रण हल्का सा सूखने तक पकायें, बादाम मिलाकर उसे गैस पर से उतार लें और ठंडा होने के लिए रखें।

७) इस मिश्रण के बारह से सोलह समान भाग कर लें और उसे गोल या अंडाकार पिन्नी का आकार दे दें।

मीठे चावल

सामग्री

२ कप बासमती चावल
४ बड़े चम्मच घी
२० बादाम
१२ काजू
३ लौंग
१ इंच दालचीनी
५-६ काली मिर्च
१ बड़ी इलायची
३ हरी इलायची
१ १/२ कप चीनी (शक्कर)
एक चुटकी केसर
२ बड़े चम्मच किशमिश

विधि

१) चावल को दो बार अच्छी तरह से धोकर पानी में डूब जाये केवल इतने पानी में आधे घंटे तक भीगोकर रखें। पानी से निकाल लें।

२) बर्तन में घी गरम कर काजू और बादाम तल ले। निकाल कर रखें। ठंडे होने पर बादाम की फाँके कर लें और काजू के बीच में से दो भाग कर लें।

३) उसी बर्तन में लौंग, दालचीनी, काली मिर्च, हरी और काली इलायची एक मिनट तक भून लें।

४) चावल डालकर हल्के हाथ से चलाते हुए दो-तीन मिनट तक भूनें। तीन कप गरम पानी डालकर ढाँक दें और धीमी आँच पर पानी सूखने तक पकायें।

५) तब तक शक्कर को आधे कप पानी में अच्छी तरह से घोल लें और केसर मिला लें। इस घोल को चावल में डालें । किशमिश डालकर हल्के से चलाकर मिला लीजिए।

६) धीमी आँच पर, पकने तक ढाँककर रखिये। पाँच मिनट वैसे ही रखें। काजू और बादाम से सजाकर परोसें।